math

Petite section • cycle 1 Première année

outil

LILIANE BARON
INSTITUTRICE

MAGNARD
ÉCOLES

Les oiseaux

Trempe ton doigt :
- *dans la peinture verte et pose-le sur les lignes* ***fermées****.*
- *dans la peinture jaune et pose-le sur les lignes* ***ouvertes****.*

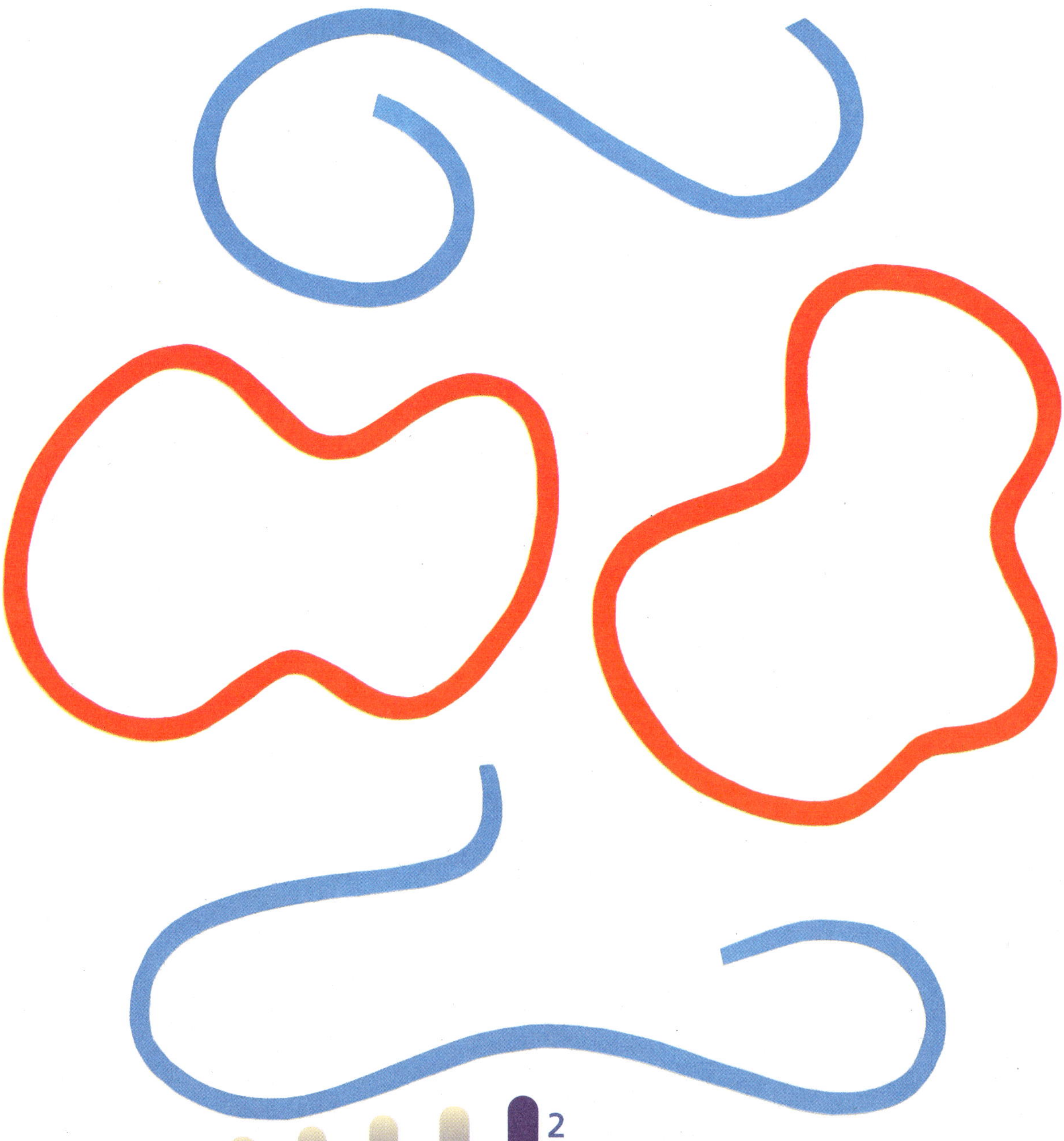

Chats et souris

AUTOCOLLANT

- *Colle les souris à l'**intérieur** de la ligne rouge.*
- *Colle les chats à l'**extérieur** de la ligne rouge.*

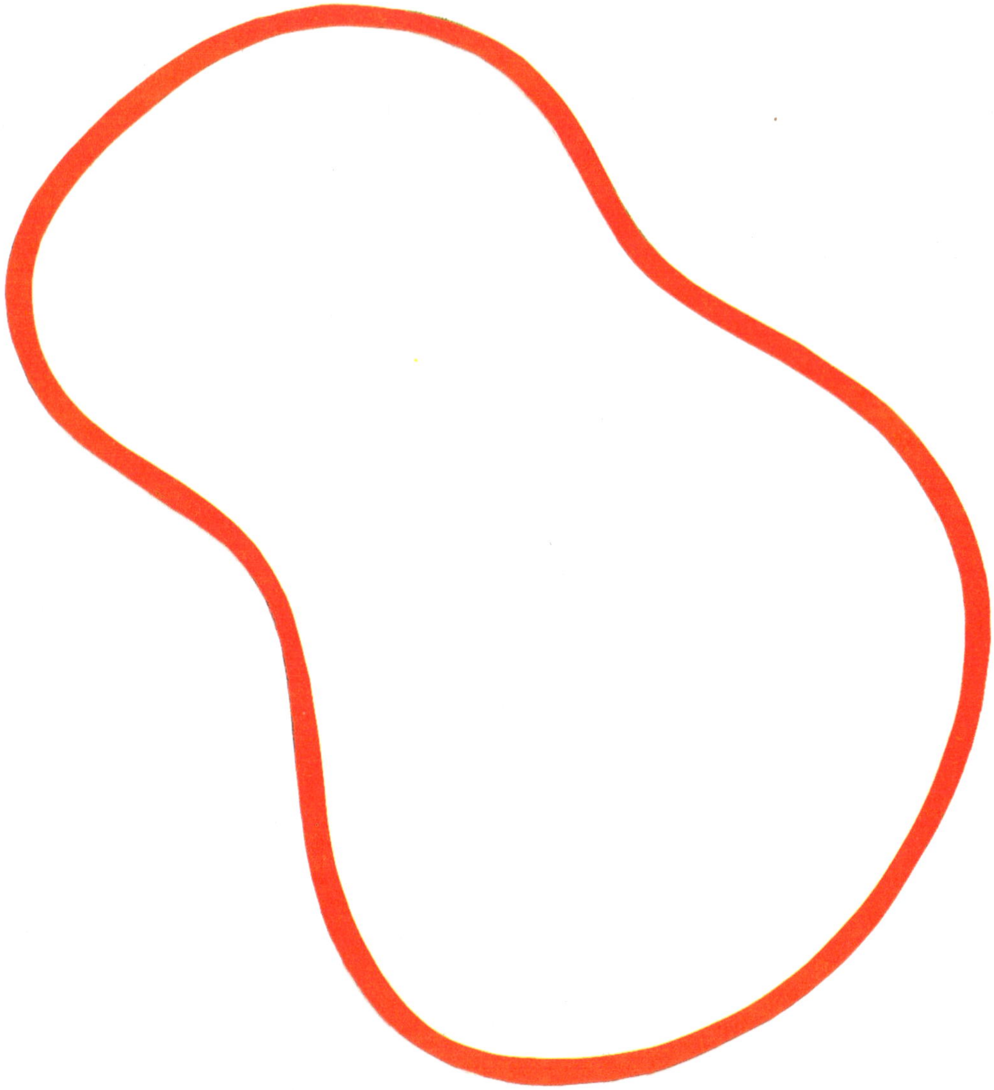

La lune rousse

• *Colorie l'**intérieur** de la lune en orange.*
• *Trace des points rouges à l'**extérieur** de la lune.*

Les escargots

Trace un gros point noir sur l'escargot qui n'est pas comme les autres.

Les feuilles d'automne

Relie par un trait
les feuilles qui sont pareilles.

Les légumes du lapin

AUTOCOLLANT

• Colle les légumes verts dans le sac du lapin.
• Colle les légumes qui ne sont pas verts dans l'autre sac.

Les bébés écureuils

Relie par un trait chaque bébé écureuil au nid de la maman écureuil.

Jeu de ballons

Trempe ton doigt :
- *dans la peinture rouge et pose-le sur chaque enfant qui a* ***un ballon****.*
- *dans la peinture verte et pose-le sur chaque enfant qui a* ***plusieurs ballons****.*

Les jouets du clown

• *Colorie, en rouge, les jouets ronds.*
• *Colorie, en vert, les jouets qui ne sont pas ronds.*

Le caneton

Le caneton veut rejoindre sa maman.
- *Choisis un chemin et trace une ligne dessus.*
- *Entoure le code du chemin qui corrrespond à celui que tu as tracé.*

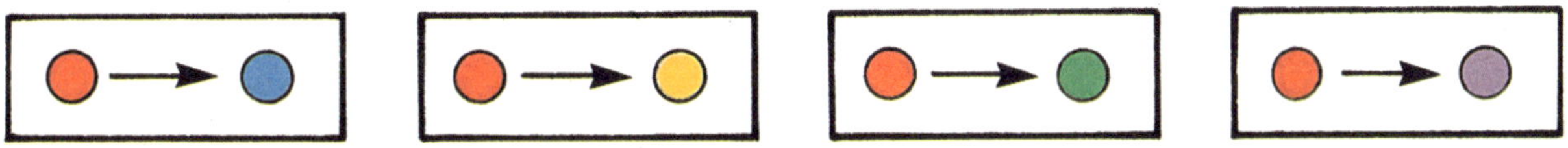

AUTOCOLLANT

La classe des souris

*Colle une étiquette-nombre sur les souris qui n'en ont pas. Attention les souris de même couleur ont le **même nombre**.*

Le train des nombres

AUTOCOLLANT

• *Observe le train-modèle.*
• *Colle les étiquettes-nombres pour faire* ***pareil****.*

AUTOCOLLANT

Les plumes des perroquets

Il manque des plumes à chaque perroquet.
Retrouve-les et colle-les à l'endroit qui convient.

Retour au nid

Relie par un trait chaque oiseau à son nid.
Attention : le nid et l'oiseau
doivent avoir la ***même couleur****.*

Les lutins

Relie par un trait :
*• les lutins qui ont **1** pompon sur le bonnet avec le bonhomme de neige qui a **1** pompon.*
*• les lutins qui ont **2** pompons avec le bonhomme de neige qui a **2** pompons.*

Les vestes des lutins

Observe le modèle.
- *Dessine sur chaque veste **2 boutons** tout ronds et tout noirs.*

La chambre

Mets un point :
- *vert, **sur** les jouets qui sont **sur** les meubles.*
- *bleu, **sur** les jouets qui sont **sous** les meubles.*

Cache-cache

AUTOCOLLANT

Colle une gommette sur les enfants qui sont cachés ***derrière*** *un arbre.*

AUTOCOLLANT

Les tortues

*Colle **3** laitues dans le sac de chaque tortue.*

Page 3

Page 7

Page 12

1 2 3

Page 13

1 2

3

4 5

Page 14

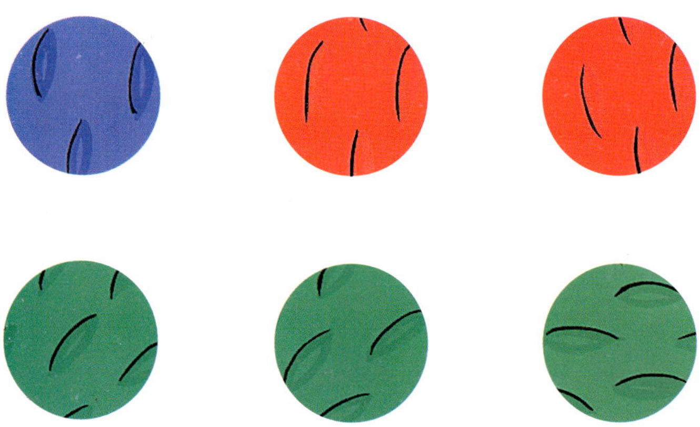

Page 19

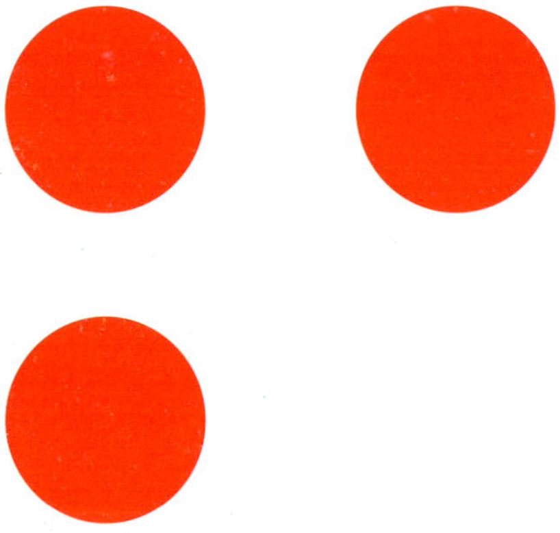

Page 20

Page 24

Page 28

Page 29

Page 32

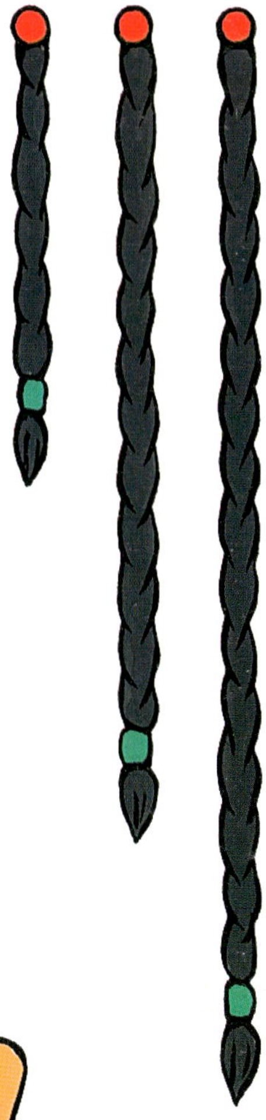

Page 26

Page 35

Page 36

Les coccinelles

Dessine :
- ***2** points noirs sur les coccinelles rouges,*
- ***3** points noirs sur les coccinelles jaunes.*

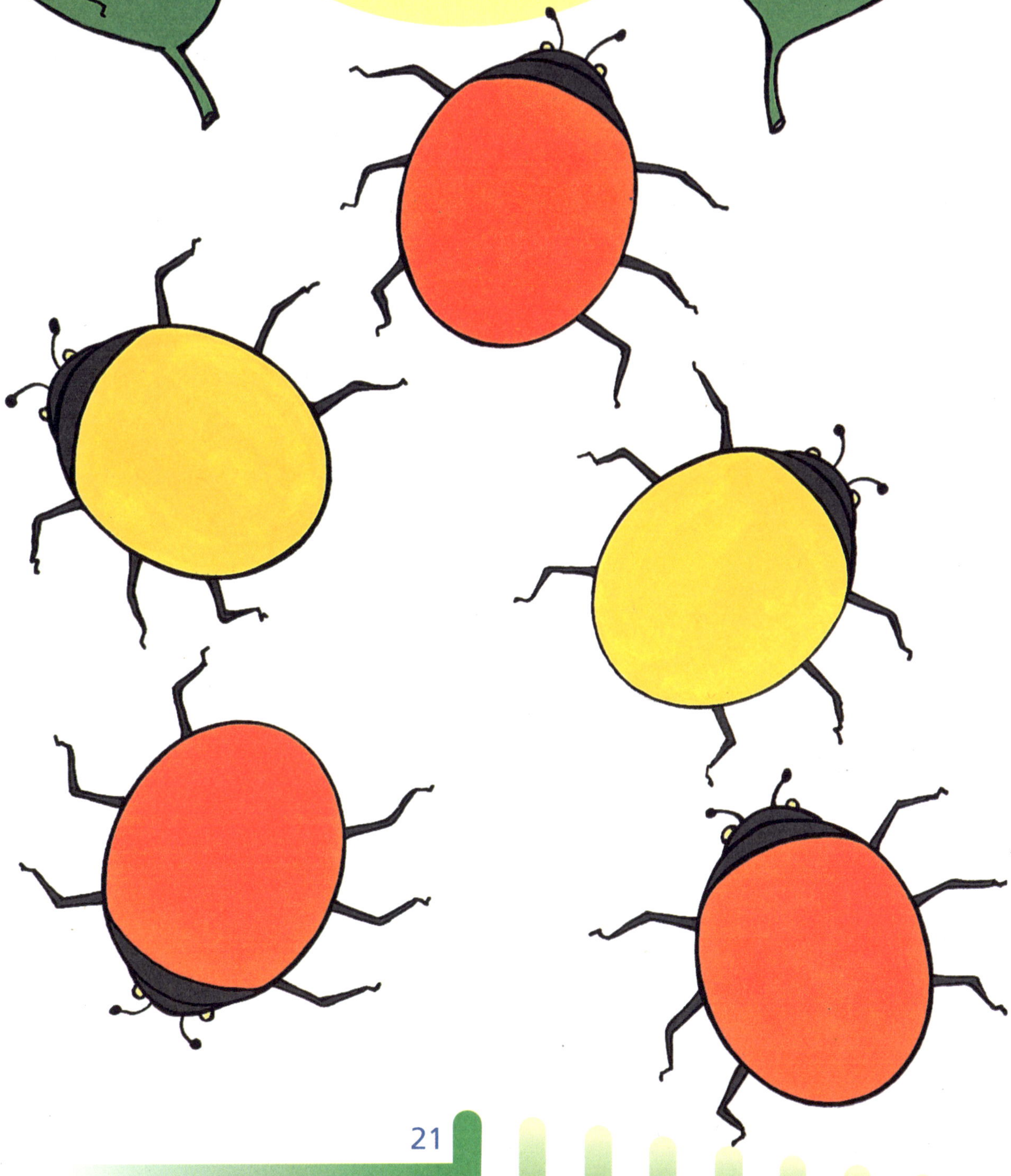

Drôle d'oiseau

Colorie selon le code :

Les boîtes de boutons

Dans chaque boîte, barre le bouton qui n'a pas la même forme que les autres.

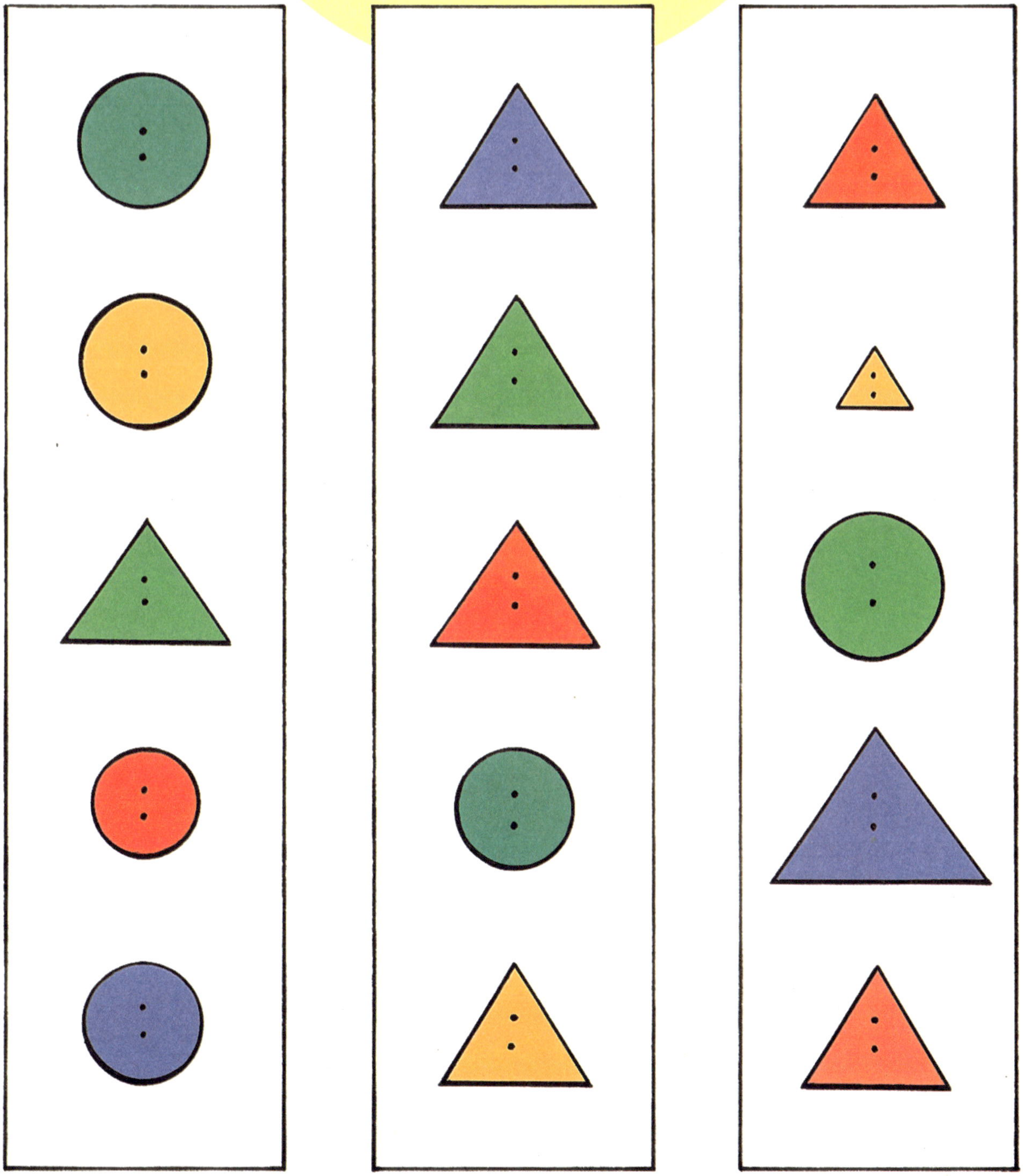

AUTOCOLLANT

L'atelier de peinture

Laure a été prise en photo trois fois.

- *Colle la photo qui a été prise* ***avant*** *celle de cette page.*
- *Puis, la photo qui a été prise* ***après****.*

Les poissons

• *Entoure le poisson le **plus petit**.*
• *Trace une croix sur le poisson **le plus gros**.*

AUTOCOLLANT

Les poissons clowns

- *Observe le modèle.*
- *Colle les ballons sur le dessin selon le modèle.*

Les crabes

• *Observe le modèle.*
• *Colorie les crabes de la même façon.*

AUTOCOLLANT

Les serpents

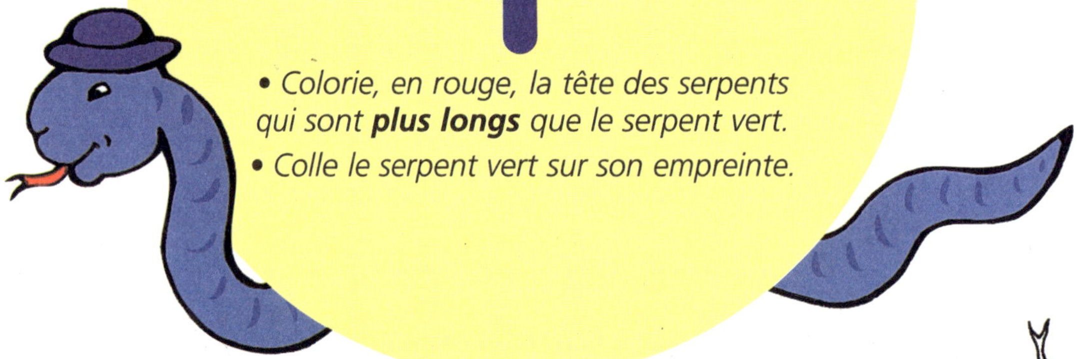

- *Colorie, en rouge, la tête des serpents qui sont **plus longs** que le serpent vert.*
- *Colle le serpent vert sur son empreinte.*

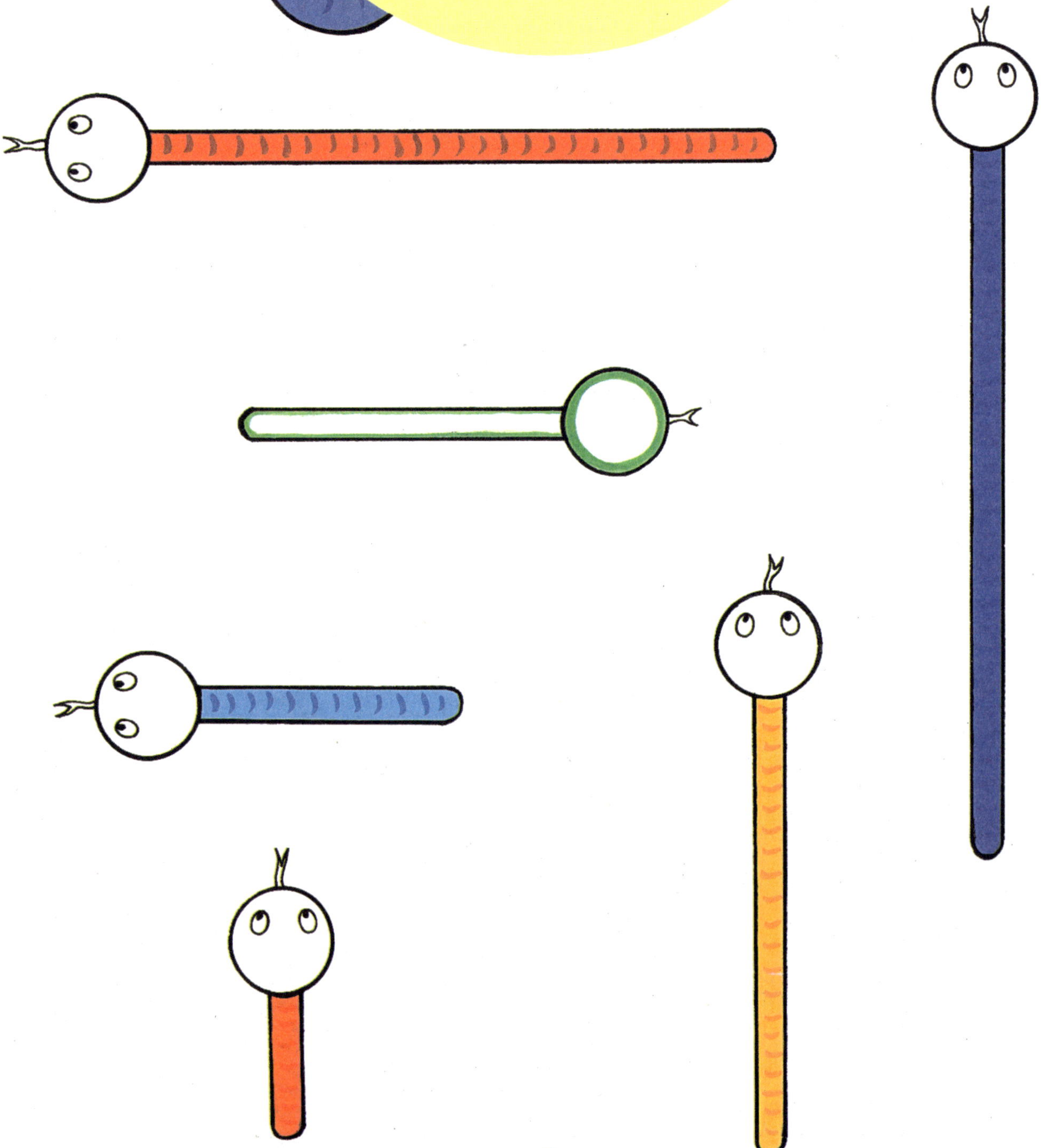

Mon Picasso

AUTOCOLLANT

- *Colle le carré dans son empreinte.*
- *Colle le rectangle dans son empreinte.*
- *Colorie tous les carrés de la couleur du modèle.*
- *Fais la même chose pour tous les rectangles.*

L'arbre aux bonbons

Colorie :
- *en rouge, les sacs de **4** bonbons.*
- *en bleu, les sacs de **3** bonbons.*
- *en jaune, les sacs de **2** bonbons.*

1	2	3	4	5

Où sont mes pattes ?

*Trace **4 traits** sous chaque animal pour représenter ses pattes.*

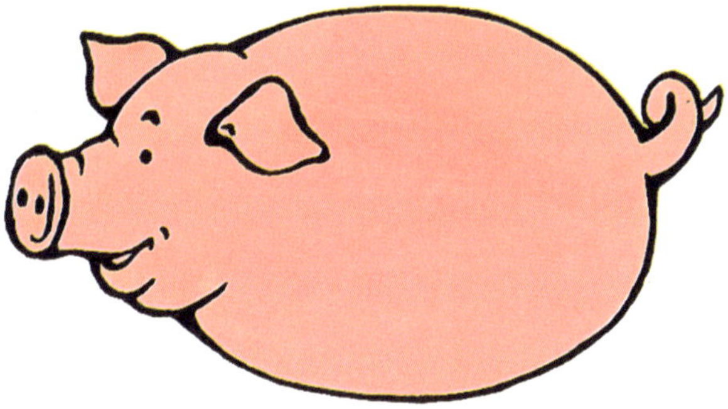

AUTOCOLLANT

Les Chinois

*Range les nattes de **la plus petite à la plus grande**.*
Colle-les sur chaque personnage
en partant du point rouge.

Les voitures

Trace le chemin parcouru par chaque voiture en reliant par un trait les points de même couleur.

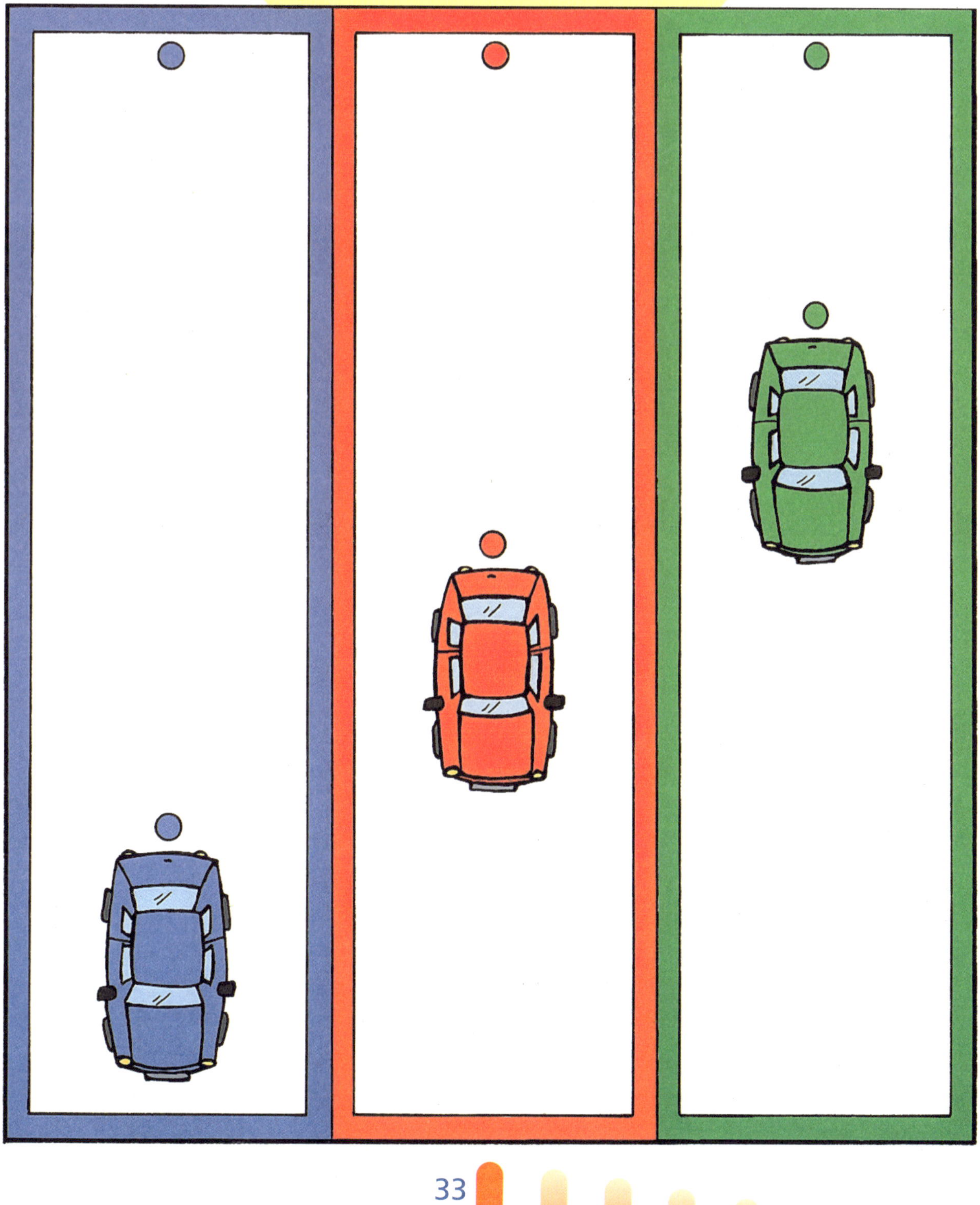

La chaussette de la chenille

Colorie la deuxième chaussette de la chenille comme la première.

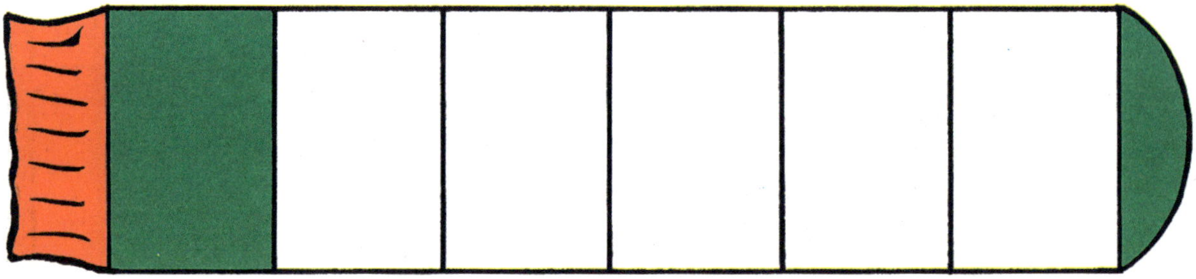

L'ours gourmand

• *Colle **5** gâteaux sur les étagère du placard.*
• *Colle les autres sur le ventre de l'ours.*

L'album de photos

AUTOCOLLANT

Colle de haut en bas les photos de monsieur Thomas de son ***plus jeune âge à aujourd'hui****.*

Les chenilles

Relie chaque chenille à un papillon.
Colorie les chenilles :
- *en jaune, si il y a* ***autant*** *de chenilles que de papillons.*
- *sinon, en bleu.*

Les fleurs

- *Dessine **autant** de tiges qu'il y a de fleurs.*
- *Combien en as-tu dessiné ?*
- *Entoure le nombre de tiges sur la bande numérique.*

1	2	3	4	5	6	7

Les hérissons

Il faut ***4 pommes*** *pour* ***4 hérissons****.*
- *Dessine les pommes qui manquent.*
- *Relie par un trait chaque hérisson à une pomme.*

Table des matières

2 Les oiseaux
3 Chats et souris
4 La lune rousse
5 Les escargots
6 Les feuilles d'automne
7 Les légumes du lapin
8 Les bébés écureuils
9 Jeu de ballons
10 Les jouets du clown
11 Le caneton
12 La classe des souris
13 Le train des nombres
14 Les plumes des perroquets
15 Retour au nid
16 Les lutins
17 Les vestes des lutins
18 La chambre
19 Cache-cache
20 Les tortues
21 Les coccinelles
22 Drôle d'oiseau
23 Les boîtes de boutons
24 L'atelier de peinture
25 Les poissons
26 Les poissons clowns
27 Les crabes
28 Les serpents
29 Mon Picasso
30 L'arbre aux bonbons
31 Où sont mes pattes ?
32 Les Chinois
33 Les voitures
34 La chaussette de la chenille
35 L'ours gourmand
36 L'album de photos
37 Les chenilles
38 Les fleurs
39 Les hérissons

Conception et illustration de la couverture : KUBE
Conception intérieure : Bruno LOSTE
Illustrations intérieures : Armelle Boy

Dépôt légal : juin 1997
N° éditeur : 97 / 129
Imprimé en Italie par STIGE S.p.A. - Turin